CATALOGUE

D'UNE BELLE COLLECTION

D'ESTAMPES

DE L'ÉCOLE FRANÇAISE DU XVIIIᵉ SIÈCLE

IMPRIMÉES EN NOIR ET EN COULEURS

QUELQUES DESSINS

Dont la vente aux enchères publiques aura lieu

HOTEL DES COMMISSAIRES-PRISEURS, RUE DROUOT, Nᵒ 9

SALLE Nᵒ 4

Les Lundi 8, Mardi 9 et Mercredi 10 Décembre 1884

A DEUX HEURES TRÈS PRÉCISES

Mᵉ MAURICE DELESTRE

COMMISSAIRE-PRISEUR

Rue Drouot, nᵒ 27.

M. CLEMENT

MARCHAND D'ESTAMPES
DE LA BIBLIOTHÈQUE NATIONALE

Rue des Saints-Pères, nᵒ 3

PARIS — 1884

CATALOGUE

D'UNE BELLE COLLECTION

D'ESTAMPES

DE L'ÉCOLE FRANÇAISE DU XVIIIe SIÈCLE

IMPRIMÉES EN NOIR ET EN COULEURS

QUELQUES DESSINS

Dont la vente aux enchères publiques aura lieu

HOTEL DES COMMISSAIRES-PRISEURS, RUE DROUOT, N° 9

SALLE N° 4

Les Lundi 8, Mardi 9 et Mercredi 10 Décembre 1884

A DEUX HEURES TRÈS PRÉCISES

Me MAURICE DELESTRE	**M. CLEMENT**
COMMISSAIRE-PRISEUR	MARCHAND D'ESTAMPES DE LA BIBLIOTHÈQUE NATIONALE
Rue Drouot, n° 27.	Rue des Saints-Pères, n° 3.

—

PARIS — 1884

CONDITIONS DE LA VENTE

La vente se fera au comptant.

Les acquéreurs payeront *cinq pour cent* en sus des adjudications applicables aux frais.

L'expert chargé de la vente se réserve la faculté de rassembler ou de diviser les lots.

ORDRE DES VACATIONS

Lundi   8 Décembre . . . . Nᵒˢ   1 à 206

Mardi   9   —   . . . . Nᵒˢ 207 à 421 *bis.*

Mercredi 10   —   . . . . Nᵒˢ 422 à la fin.

DÉSIGNATION

ESTAMPES

ALIBÉRT (Chez)

1 — Le Sommeil interrompu. Très belle épreuve, marge.

AUBERT (d'après L.)

2 — La Revendeuse à la toilette, par Cl. Duflos. Belle épreuve.

AUBRY (d'après A.)

3 — L'Abus de la crédulité, par N. De Launay. Très belle épreuve.

4 — Les Adieux de la nourrice, par R. De Launay. Très belle épreuve.

5 — La Bonté maternelle, par Blot. Belle épreuve.

AUBRY ET **DE FRAINE** (d'après)

6 — Le Mariage rompu ; — l'Acte d'humanité. Deux pièces gravées par R. De Launay. Belles épreuves, marge.

BARTOLOZZI (F.)

7 — Hébé, d'après Cipriani, en couleur. Bonne épreuve.

8 — Portraits de femmes en bustes, d'après Cipriani, imprimés en bistre. Très belles épreuves.

BAUDOUIN (d'après P.-A.)

9 — Les Amants surpris, par P. P. Choffard (E. B. 3). Très belle épreuve.

10 — Les Amours champêtres, par P.-P. Choffard (E. B. 7). Très belle épreuve.

11 — Annette et Lubin, par Ponce (E. B. 9). Belle épreuve.

12 — Le Carquois épuisé, par N. de Launay (E. B. 11). Très belle épreuve.

13 — Les Cerises, par N. Ponce (E. B. 13). Bonne épreuve.

14 — Le Chemin de la fortune, par Voyez Major (E. B. 14). Très belle épreuve.

15 — Le Couché de la mariée, par Moreau et Simonet (E. B. 16). Très belle épreuve.

16 — Le Curieux, par Maleuvre (E. B. 17). Très belle épreuve avant la lettre.

17 — Le Danger du tête à tête, par Simonet (E. B. 18). Très belle épreuve.

18 — L'Enlèvement nocturne, par N. Ponce (E. B. 20). Très belle épreuve avec l'adresse du graveur.

19 — L'Épouse Indiscrète, par N. de Launay (E. B. 21). Très belle épreuve.

20 — Le Fruit de l'amour secret, par Voyez le Jeune (E. B. 23). Très belle épreuve.

21 — Le Jardinier galant, par Helman (E. B. 25). Très belle épreuve.

22 — Le Léger vêtement, par Chevillet (E. B. 28). Très belle épreuve.

23 — Marchez tout doux, parlez tout bas, par P. P. Choffard (E. B. 30). Très belle épreuve.

24 — Le Matin ; — Le Midi ; — Le Soir ; — La Nuit. Suite de quatre pièces gravées par de Ghendt (E. B. 32-33-35 et 46). Belles épreuves.

BAUDOUIN (d'après P.-A.)

25 — Le Modèle honnête, par Moreau et Simonet (E. B. 34).
Très belle épreuve.

26 — Perette, par Guttenberg. Belle épreuve.

27 — Le Poëte Anacréon, par N. de Launay (E. B. 38). Belle
épreuve.

28 — La Rencontre dangereuse, par Le Veau. Très belle
épreuve, marge.

29 — Rose et Colas, par Simonet (E. B. 42). Belle épreuve.

30 — La Sentinelle en défaut, par N. De Launay. Belle
épreuve.

31 — Les Soins tardifs, par N. de Launay (E. B. 45). Très
belle épreuve.

32 — La Soirée des Tuileries, par Simonet (E. B. 47). Belle
épreuve.

33 — La Toilette, par N. Ponce (E. B. 48). Belle épreuve).

BAUDOUIN ET EISEN (d'après)

34 — Les Plaisirs réunis ; — Le Réveil dangereux, deux pièces faisant pendants gravées à la sanguine, par Briceau.
Très belles épreuves. Rares.

BAUDOUIN ET DESHAYES (d'après)

35 — L'Amour frivole, par Beauvarlet ; — La fidélité surveil-
lante, par Hemery. Deux pièces. Belles épreuves.

BENARD (d'après)

36 — Le Gage de l'Amitié, par E. Danzel. Très belle épreuve,
marge.

BENAZECH

37 — Le Prix de l'Agriculture ; — Le Couronnement de la
Rosière. Deux pièces en couleur faisant pendants. Très
belles épreuves.

BENAZECH (d'après)

38 — La Séparation de Louis XVI d'avec sa famille; — La
dernière entrevue de Louis XVI avec sa famille. Deux pièces gravées par Schiavonetti. Belles épreuves.

BINET (d'après)

39 — Le Chasseur; — La Nourice élégante; — Le Plaisir de
la pêche; — La Solitude agréable. Suite de quatre pièces
gravées par Testolini et Ambrosi. Très belles épreuves,
grandes marges.

BOILLY (d'après)

40 — Deux jeunes enfants dans un intérieur jouent avec un
oiseau, par Allais. Très belle épreuve avant la lettre.

41 — Ah qu'il est Joli ! par Aug. le Grand. Superbe épreuve,
avec grande marge.

42 — Ah! comme il y viendra, par Clavareau. Très belle
épreuve.

43 — L'Amant favorisé, par Chaponnier. Très belle épreuve,
grande marge.

44 — L'Amant favorisé; — La Comparaison des petits pieds.
Deux pièces en couleur, faisant pendants, gravées par
Chaponnier. Belles épreuves.

45 — Le Bouquet chéri, par Chaponnier. Très belle épreuve
avant la lettre.

46 — Ça ira — Ça a été. Deux pièces faisant pendants, gravées
par Mathias et Texier. Belles épreuves, une est coloriée.

47 — Les Conseils maternels, par Tresca. Très belle épreuve.

48 — La Crainte mal fondée ; — La Surprise agréable. Deux
pièces faisant pendants, gravées en couleur, par Mixelle.
Très belles épreuves, marge.

49 — Défends-moi, par Petit. Superbe épreuve avant toutes
lettres, marge.

BOILLY (d'après)

50 — Défends-moi ; — La Leçon d'union conjugale. Deux pièces faisant pendants, gravées par Petit. Très belles épreuves.

51 — L'Évanouissement ; — La Douce résistance. Deux pièces faisant pendants, gravées par Tresca. Très belles épreuves.

52 — Honny soit qui mal y pense, par Bonnefoy. Belle épreuve.

53 — La Jardinière ; — La Comparaison des petits pieds ; — Suite de la Douce impression de l'Harmonie. Trois pièces gravées par Tresca, Chaponnier et Wolff. Belles épreuves.

54 — On la tire aujourd'hui, par Tresca. Superbe épreuve, grande marge.

55 — Prélude de Nina, par Chaponnier. Très belle épreuve.

56 — Poussez ferme ; — La Leçon d'union conjugale. Deux pièces gravées par Petit. Belles épreuves.

57 — Prends ce biscuit, par Vidal. Très belle épreuve.

58 — Le Présent de noce, par Bonnefoy. Très belle épreuve.

59 — Que ni est-il encore, par Petit. Très belle épreuve, marge.

60 — Qu'elle est gentille, par Bonnefoy. Très belle épreuve.

61 — La Serinette, par Honoré. Très belle épreuve, marge.

62 — La Solitude ; — La Jarretière. Deux pièces faisant pendants, gravées en couleurs par Tresca. Très belles épreuves.

63 — Le Someil trompeur ; — Le Réveil prémédité. Deux pièces gravées par Wolff.

BONNET (L.)

64 — Le Lever, en couleur, d'après Challe. Bonne épreuve.

65 — Le Premier pas à la fortune, d'après Du Bois de Sainte-Marie, en couleur. Superbe épreuve. Très rare.

BONNET (L.)

66 — Toilette du matin; — Toilette du soir. Deux pièces faisant pendants, gravées à la sanguine d'après Beaulier. Très belles épreuves, marges.

67 — Teste de Venus; — Portrait de Mme Greuze, d'après Greuze. Deux pièces gravées à la sanguine. Belles épreuves.

68 — Portrait de femme en buste, gravé aux trois crayons d'après Lagrenée. Très belle épreuve.

69 — Bergère assise, d'après Boucher, à la sanguine. Belle épreuve.

70 — Diane au bain, gravé en couleur d'après Beaufort. Très belle épreuve.

BONNET et JANINET

71 — Buste de jeune femme, d'après Boucher; — Portrait de Mme Greuze, d'après Greuze; — Etude de tête de femme. Trois pièces.

BOREL (d'après)

72 — L'Allaitement maternel encouragé, par Voyssard. Belle épreuve, marge.

73 — La Bascule; — Le Charlatan. Deux pièces faisant pendants, gravées en couleur par l'Eveillé. Très belles épreuves.

74 — La Circassienne à l'encan, par Leveillé, en couleur. Très belle épreuve avant la lettre.

75 — La faute est faite, permettez qu'il la répare, par Anselin. Très belle épreuve, marge.

76 — L'Innocence en danger, par Huot, première estampe de la Suite de la Paysanne pervertie. Très belle épreuve.

77 — Il était temps, par Hémery. Belle épreuve.

78 — L'Indiscret, par Dequevauviller. Très belle épreuve.

79 — La même estampe. Très belle épreuve.

80 — La Morale inutile, par E. Voysard. Très belle épreuve.

BOREL et AUBRY (d'après)

81 — Le Mariage rompu; — Le Mariage conclu. Deux pièces faisant pendants, gravées par R. De Launay. Belles épreuves.

BOSIO (d'après D.)

82 — Les Invisibles, en couleur. Belle épreuve avant la lettre.

83 — Les Bains à la mode (bains Vigier), pièce coloriée, très curieuse pour les costumes. Belle épreuve.

BOUCHARDON (d'après)

84 — L'Amour corrigé; — L'Amour envolé. Deux pièces gravées par Caylus et Fessard; une a toute sa marge.

BOUCHER (d'après F.)

85 — L'Agréable leçon, par Gaillard. Très belle épreuve.

86 — L'Amour désarmé, par Fessard. Très belle épreuve.

87 — Arion, par Saint-Aubin et Pasquier. Belle épreuve, marge.

88 — Les Amants surpris, par R. Gaillard. Très belle épreuve.

89 — Les Bacchantes endormies, par Gaillard. Superbe épreuve avant toutes lettres.

90 — La Belle villageoise, par Soubeyran. Très belle épreuve.

91 — La Bonne Aventure, par P. Aveline. Très belle épreuve, marge.

92 — Les Charmes de la vie champêtre, par J. Daullé. Belle épreuve.

93 — Le Château de cartes, par J.-M. Liotard. Belle épreuve, marge.

94 — La Coquette; — L'Oiseau chéri. Deux pièces faisant pendants, gravées par Daullé. Belles épreuves.

95 — Le Déjeuné, par Lépicié. Belle épreuve.

BOUCHER (d'après)

96 — Les Délices de l'Automne; — les Plaisirs de l'Eté. Deux pièces faisant pendants, gravées par J. Daullé. Très belles épreuves.

97 — Diane et Actéon, par P. F. Tardieu. Très belle épreuve.

98 — La Douce Nonchalante, par Petit. Très belle épreuve, marge.

99 — Les Grâces au bain, par Ryland. Très belle épreuve.

100 — L'Hymen et l'Amour; — L'Amour enchaîné par les Grâces. Deux pièces faisant pendants, gravées par Beauvarlet. Très belles épreuves.

101 — Jupiter et Calisto, par Gaillard. Très belle épreuve.

102 — La Marchande de Modes, par R. Gaillard. Belle épreuves.

103 — Le Mariage de Psyché et l'Amour, par Beauvarlet. Belle épreuve.

104 — Le Mérite de tout pais; — La Rêveuse; — Les Délices de l'enfance; — Le Paquet incommode. Suite de quatre pièces gravées par Aveline. Très belles épreuves, marges.

105 — La Muse Erato, par J. Daullé. Belle épreuve, marge.

106 — Le Mouton favori; — Le Bouquet bien reçu; — Jupiter et Léda. Cinq pièces gravées par Gaillard et Ryland.

107 — La Musique Pastorale, par J. Daullé. Très belle épreuve.

108 — Naissance de Bacchus, par P. Aveline. Belle épreuve.

109 — Naissance et triomphe de Vénus, par Daullé. Très belle épreuve.

110 — Pan et Syrinx, par Martenasie. Très belle épreuve.

111 — Pensent-ils au raisin? par Le Bas. Belle épreuve.

112 — Pensent-ils à ce mouton, par Mᵐᵉ Jourdan. Belle épreuve.

BOUCHER (d'après)

113 — Les présents du berger, par Lempereur. Très belle épreuve.

X 114 — Quatrième livre de sujets, et pastorales, par F. Boucher, peintre du Roi. Suite de six pièces gravées, par Huquier. Très belles épreuves, marges.

X 115 — Le Sommeil interrompu, par Beauvais. Très belle épreuve.

116 — La Vendangeuse ; — Le Marchand d'oiseaux. Deux pièces faisant pendants, gravées par Daullé. Très belles épreuves.

117 — Vénus et l'Amour, par Demarteau ; — Vénus et les Grâces au bain, par Daullé. Deux pièces. Belles épreuves.

118 — Vénus se préparant pour le Jugement de Pâris, par de Lorraine. Très belle épreuve.

119 — Vénus assise ; — Vénus et l'Amour ; — Les Nymphes au bain. Trois pièces gravées par Fessard, Daullé et J. Ouvrier. Belles épreuves.

120 — La Vie champêtre, par Elizabeth Lépicié. Très belle épreuve, marge.

121 — Pastorales et sujets divers. Huit pièces en noir et couleur, par divers graveurs.

122 — Berger et Bergère jouant de la flûte ; — Nymphes au bain. Deux pièces faisant pendants, aux trois crayons, par Demarteau (n° 550-551). Très belles épreuves.

123 — Berger et Bergère gardant leur troupeau ; — Couronnement du buste de Vénus. Deux pièces gravées à la sanguine, par Demarteau. Très belles épreuves.

124 — Bergère assise, appuyée sur un tambour au milieu duquel est un cœur percé d'une flèche. A la sanguine, par Demarteau.

125 — Bergère assise, à la sanguine, par Bonnet. Très belle épreuve.

BOUCHER (d'après)

126 — Buste de jeune femme, vue de profil, gravé à la sanguine, par Demarteau. Belle épreuve.

127 — Les Colombes chéries, par Petit, à la sanguine. Belle épreuve, marge.

128 — Les deux Amants ; — Le Curieux. Deux pièces faisant pendants, gravées aux trois crayons, par Demarteau (nos 486-487). Très belles épreuves.

129 — Le doux Entretien ; — Les Amants heureux ; — L'Amitié réciproque. Trois pièces à la sanguine, par Bonnet. Très belles épreuves.

130 — Etudes de têtes ; — Tête de Vénus. Trois pièces gravées aux trois crayons, par Demarteau. Belles épreuves.

131 — Etudes de jeunes femmes en bustes. Deux pièces gravées à la sanguine, par Demarteau. Très belles épreuves, marges.

132 — La Jardinière fleuriste, à la sanguine, par Bonnet. Belle épreuve.

133 — La petite École, à la sanguine, par L. Bonnet. Belle épreuve, marge.

134 — Le Repos ; — La Confidence. Deux pièces faisants pendants, gravées en couleur, par Bonnefoy. Très belles épreuves.

135 — Vénus et l'Amour endormi ; — Vénus sur un dauphin. Deux pièces gravées à la sanguine, par Petit et Bonnet.

136 — Vénus et l'Amour couchés sur un lit, gravé à la sanguine, par Demarteau (n° 46). Belle épreuve.

137 — La même composition, en contre-partie, par J. C.

138 — Vénus aux colombes, gravé à la manière du pastel, par Bonnet. Très belle épreuve.

139 — Vénus à sa toilette. En couleur par Bonnet. Belle épreuve.

BOUCHER (d'après)

140 — Vénus assise, à la sanguine, par Bonnet. Epreuve avant toutes lettres.

BOUCHER ET WILLE (d'après)

141 — Jeannette; — Le Pucelage. Deux pièces faisant pendants gravées par J. H. E. Belles épreuves, marges.

BOUNIEU (d'après)

142 — La Confidence, gravé en couleur par Jubier. Très belle épreuve.

BOWLES (J.)

143 — Histoire d'une jeune fille de la campagne arrivant à Londres. Suite de six pièces. Très belles épreuves, marges.

CANOT (d'après)

144 — Le Souhait de la Bonne année au Grand-Papa, par Le Bas. Très belle épreuve.

CARÊME (d'après)

145 — L'Agréable surprise. En couleur par Julien. Belle épreuve.

146 — L'Aveugle trompé; — L'Aveugle détrompé. Deux pièces gravées en couleur, par Wossenik. Belles épreuves, sans marge.

147 — La Culbute, par J. Morret. En couleur. Belle épreuve.

148 — La Danse champêtre; — Les Plaisirs champêtres. Deux pièces faisant pendants, gravées par Wossenik. Belles épreuves.

149 — Honny soit qui mal y voit; — Honny soit qui mal y pense. Deux pièces faisant pendants gravées par Hubert. Très belles épreuves.

150 — Jeune femme dans un jardin, assise sur un fauteuil, par Godin. Belle épreuve.

CARÊME (d'après)

151 — La Joyeuse orgie, par Hémery. Belle épreuve, marge.

152 — La Petite Thérèse, par J. Couché. Belle épreuve.

153 — Le Satyre impatient, par Anselin. Très belle épreuve, marge.

CASTELLAS (d'après Mlle)

154 — Le Petit favori, par Voyez le jeune. Très belle épreuve, marge.

CAZENAVE

155 — Le Nid d'Amour; — A l'Amour il faut se rendre. Deux pièces en couleur faisant pendants. Très belles épreuves.

CHALLE (d'après)

156 — The officious Waiting Woman, par Chaponnier. Très belle épreuve.

157 — La même composition, gravée en contre-partie, de format plus petit. Sans noms d'artistes. Très belle épreuve en couleur.

158 — Les Amans trahis par leurs ombres, par Wogts. Belle épreuve.

159 — La Comparaison, par Bouillard et Dupréel. Belle épreuve.

160 — La Défaite, par Marchand. Belle épreuve.

161 — Le Déjeuné, gravé en couleur par Bonnet. Très belle épreuve.

162 — Finissez, par Marchand. Superbe épreuve avant toutes lettres.

163 — La Pantoufle, par Marchand. Belle épreuve.

164 — Le Garde-chasse scrupuleux ou le nid découvert. Très belle épreuve.

165 — Histoire de Mademoiselle de La Vallière. Suite de six pièces gravées en couleur par Ruotte. Belles épreuves.

CHALLE (d'après)

166 — Le Modèle disposé, par Chaponnier. Belle épreuve.

167 — Le Panier renversé, gravé en couleur par Ruotte. Très belle épreuve.

168 — Le Panier renversé, par Beisson. Très belle épreuve, marge.

169 — Les Plaisirs de l'hymen; — Les Désirs de l'amour. Deux pièces faisant pendants, gravées par Augustin Le Grand. Belles épreuves.

170 — Le Premier baiser de l'Amour; — Le Premier mouvement de la nature. Deux pièces en couleurs faisant pendants, gravées par A. Le Grand. Très belles épreuves.

171 — Le Premier baiser de l'Amour, par Aug. Legrand. Très belle épreuve.

CHARDIN (d'après S.)

172 — La Gouvernante, par Lépicié. (E.-B. 24); — Le Négligé ou Toilette du matin, par Le Bas. (E. B. 38). Deux pièces. Bonnes épreuves.

173 — La Serinette, par L. Cars. (E. B. 47). Belle épreuve.

174 — La Pourvoyeuse; — La Ratisseuse. Deux pièces faisant pendants. Bonnes épreuves.

CHARON ET MARTINET (chez)

175 — La Vie d'une jolie fille à Paris ou la Paysanne pervertie; — La Vie d'un joli garçon à Paris ou le Paysan perverti. Deux pièces en couleurs faisant pendants. Très belles épreuves.

CHARPENTIER (d'après)

176 — Histoire de Paul et Virginie. Onze pièces gravées en couleur par Papavoine.

CHEVEAU (d'après)

177 — La Protestation d'amour d'Abélard à Héloïse, gravé en couleur par Mixelle. Très belle épreuve.

COCHIN (d'après C.-N.)

178 — Décoration du bal masqué donné par le Roy... à l'occasion du mariage de Louis, dauphin de France, avec Marie-Thérèse, infante d'Espagne, par Cochin père. Épreuve coloriée.

COSWAY (d'après)

179 — Sacrifice to Love, par Ménageot. Belle épreuve.

180 — Jupiter et Léda, gravé en couleur par Sitep. Belle épreuve.

COUSINS (Samuel)

181 — Mrs Wolff, d'après sir Thomas Lawrence. Bonne épreuve.

COUTELLIER

182 — Portrait en buste de Mlle Duthé, en couleur, de forme ovale. Belle épreuve.

COYPEL (Ant.)

183 — Le triomphe de Galathée. Très belle épreuve.

COYPEL (d'après Ant.)

184 — L'Amour et Psyché, par Audran. Superbe épreuve avant toutes lettres.

185 — Bacchanale, par Chateau et Trouvain. Belle épreuve, marge.

COYPEL (d'après Ch.)

186 — Mme de *** en habit de bal, par L. Surugue. Belle épreuve.

CURTIS

187 — Marie-Antoinette d'Autriche, reine de France, d'après Dufroë; in-fol. Belle épreuve.

DABOS (d'après Mme)

188 — Le Coucher; — Le Lever. Deux pièces faisant pendants, gravées par Massole. Belles épreuves.

DANLOUX (d'après)

189 — La surprise agréable, par Ionxis. Très belle épreuve avant la dédicace.

DARCIS (L.)

190 — Qui est là? En couleur. Belle épreuve.

DAULLÉ (J.)

191 — Mlle Pélissier, d'après Drouais. In-fol. Très belle épreuve, marge.

192 — Catherine Mignard, comtesse de Feuquière, d'après Mignard. In-fol. Superbe épreuve, marge.

DAVESNE

193 — Les Prunes, en couleur. Bonne épreuve.

194 — L'Amant regretté, par Voyez le jeune. Très belle épreuve, marge.

DEBUCOURT (P.-L.)

195 — C'est Papa! Grande pièce en largeur, imprimée en couleur. Superbe et très rare épreuve avant toutes lettres; marge.

196 — L'Heureuse famille. Très belle et rare épreuve avant toutes lettres.

197 — La Rose mal défendue, en couleur. Très belle épreuve.

198 — Lui répondrai-je. Pièce rare. Très belle épreuve, marge.

199 — Il est pris...; — Elle est prise. Deux pièces faisant pendants. Très belles épreuves.

200 — Le Bouquet d'une maman. 1806. Très belle épreuve.

DEBUCOURT (P.-L.)

201 — La Femme et le Mari ou les Époux à la mode. 1803. Trés belle épreuve.

202 — L'Orange ou le Moderne jugement de Pâris. Très belle épreuve, marge.

203 — Les Visites. Publié le premier jour du dix-neuvième siècle. Très belle épreuve.

204 — Le Printemps ou les Amans. Belle épreuve.

205 — Héro et Léandre, suite de neuf pièces dont un titre pour illustration du poème; en couleur, sauf le titre. Très belles épreuves avec marge.

DEBUCOURT (d'après)

206 — Le Juge ou la Cruche cassée, par J.-J. Le Veau. Très belle épreuve.

DELORME (d'après)

207 — Nécessité n'a point de loi, par Mlle Papavoine. Très belle épreuve.

DEMARTEAU

208 — Bacchanale, d'après Pierre (n° 440). Très belle épreuve.

209 — La Mère des amours, d'après Le Barbier, aux trois crayons (n° 424). Belle épreuve, marge.

210 — Sainte Thérèse, d'après Taillasson; — Buste de femme, d'après Vincent. Deux pièces gravées aux trois crayons. Belles épreuves.

DEMARTEAU et BARTOLOZZI

211 — Jeune femme dans un paysage; — La Tendre mère. Deux pièces en couleur. Belles épreuves.

DESRAIS (d'après C.-L.)

212 — L'Amant pressant; — Le Mari galant. Deux pièces en ouleurs, faisant pendants, gravées par Mixelle. Très lles épreuves. Rares.

DESRAIS (d'après C.-L.)

213 — Voltaire couronné par Mme Clairon, par Dupin. Très rare épreuve avant l'inscription dans le haut de la gravure.

DE TROY ET LAGRENÉE (d'après)

214 — L'Enlèvement de Proserpine; — Triomphe de Galathée; — Les Graces lutinées par les amours; — Les Amours enchaînées par les grâces. Quatre pièces gravées par Le Vasseur et Lempereur. Belles épreuves.

DIVERS

215 — Achille reconnu par Ulysse; — Les Enfants bien avisés; — L'Espérance le berce; — L'Amour s'endormant sur le sein de Psyché; — Le Repos; — Geneviève de Brabant vouée à la mort; — La Danse des nymphes; — Vénus endormie; — Héro pleurant Léandre; — Nymphe endormie; — Les Délices maternels. Onze pièces d'après Wille, Vanloo, Simon, Saint-Quentin, Vanderwerf, Mlle Gérard, Le Prince, Renaud de Rome, Mallet, G. de Saint-Aubin et Teniers.

216 — Andromède; — Bethsabée au bain; — Le Repos de Diane; — Je r'aurai mon étrille. Quatre pièces d'après Le Moyne, Raoux, Borel et Morete.

217 — *Cette liqueur brillante et pure;* — Mme Marie Henriette de France; — Hélène Lambert, etc. Quatre pièces gravées par Tardieu et Drevet, d'après Nattier et Largillière.

218 — La Petite fermière; — La Madeleine; — La Bacchante enyvrée; — Le Soir; — Mercure et Vénus; — Jupiter et Calisto; — Léda; — Jupiter en pluie d'or; — etc. Seize pièces d'après Loutherbourg, de Troy, Bertin, Monnet, Boilly.

219 — La Table renversée; — Henri IV chez le meunier; — L'Irrésolution ou la Confidence; — Le Rendez-vous pour Marly; — Le Négligé ou Toilette du matin, etc. Huit pièces d'après Moreau, Trinquesse, Chardin, etc.

DIVERS

220 — The Duty of a Mother; — Hope, Studious fair; — La Toilette, etc. Huit pièces en couleurs par divers artistes.

221 — Compositions allégoriques et sur les mœurs. Dix pièces en couleurs.

222 — Portraits de Fléchier, Fontenelle, Bacon, Montaigne Mᵐᵉ de Montespan, Mᵐᵉ de Lavallière, Mᵐᵉ de Sévigné, Catherine II, Charles XII, Frédéric II, Pierre Iᵉʳ, Colbert, Mᵐᵉ du Chatelet, Louis XIV, Condé, Régnard, La Fontaine, Corneille, Bossuet, Boileau, Crébillon, etc. Quarante-sept pièces par Saint Aubin, Roger, Bertonnier et Gaillard.

DREVET (P.-J.)

223 — Adrienne Lecouvreur, célèbre actrice française, d'après Ch. Coypel. In-fol. Très belle épreuve.

DROUAIS (d'après F.-H.)

224 — Les Bulles de savon, par M. L. A. Boizot. Très belle épreuve.

DROYER

225 — Le Bosquet dangereux. Très belle épreuve, toute marge.

DUGOURE (d'après J.-D.)

226 — Le Lever de la mariée, par Trière. Belle épreuve.

DUPLESSIS-BERTAUX (d'après)

227 — L'Instant de la Gaieté; — La réflexion tardive; — La Perte irréparable, — La Chambrière instruite. Suite de quatre pièces. Très belles épreuves, marges.

DURMER (F.-V.)

228 — Le Repos de Diane; — Vénus et Adonis; — Io et Jupiter; — Les Quatre saisons. Quatre pièces d'après Van Balen, Nahl, Vanderwerf et Guido Reni. Belles épreuves.

ÉCOLE FRANÇAISE DU XVIIIᵉ SIÈCLE

229 — Les Baigneuses; — Le Baisé deviné; — Le Jeu de l'escarpolette; — La Chute favorable. Six pièces. Bonnes épreuves.

230 — La Bascule; — Annette à l'âge de vingt ans; La Coquette de village; — La Musique; — Réjouissance pour le retour de l'Enfant prodigue; — Le Pouvoir de l'amour; — Le chiffre d'amour, etc. Quatorze pièces d'après Fragonard, Pater, Lancret, Leclerc, Vleughels, Huet, etc.

231 — La Belle paysanne; — La Belle dormant. Deux pièces en couleur, faisant pendants. Très belles épreuves.

232 — Le Coucher; — Hebé; — L'Enlèvement de Proserpine; Lucrèce. Sept pièces en couleurs par divers artistes.

233 — L'Écueil de la sagesse; — Les Jets d'eau; — Oh! che boccone; — Oh! che Gusto; — Le Jardinier galant; — L'Amour à l'espagnole; — La Promenade du matin; — Ce qui est bon à prendre est bon à garder. Huit pièces d'après Hoin, Fragonard, Sicardi, Baudouin, Leprince, Freudeberg et Huet.

234 — Le Matin. Petite pièce in-8 en couleur. Belle épreuve.

235 — Les Sens. Suite de cinq pièces in-8, pour dessus de tabatières.

236 — Les Sens; — Les Parties du jour et sujets galants pour dessus de tabatières. Vingt-six pièces. Très belles épreuves.

237 — Sophonisbe; — Tête de Vierge; — Têtes de jeunes filles; — Bacchanale. Cinq pièces.

238 — Sujets allégoriques et pièces sur les mœurs. Quatre pièces, dont deux en couleur.

EISEN (d'après F.)

239 — L'Amour en ribote, par L. Halbou. Belle épreuve.

240 — La Sultane reconnaissante, par Macret. Très belle épreuve.

EISEN (d'après F.)

241 — Le Vieux débauché, par Voder. Très belle épreuve marge.

EISEN (d'après Ch.)

242 — L'Accord de mariage; — La Comète; — Le Tric-Trac. Trois pièces gravées par Gaillard et Le Bas. Très belles épreuves.

243 — Les Amants heureux; — Les Époux heureux; — Le Berger du village. Trois pièces. Très belles épreuves.

244 — Heuri IV et Gabrielle, par de Monchy. Belle épreuve, marge.

245 — La Ramasseuse de cerises, par Juillet. Belle épreuve.

246 — La Vertu sous la garde de la Fidélité; — Les Désirs satisfaits. Deux pièces faisant pendants, gravées par A. Lebeau et Patas. Très belles épreuves.

EISEN ET CARESME (d'après)

247 — La Dame de charité; — Le Philosophe charitable. Deux pièces faisant pendants, gravées par Voyez l'aîné. Très belles épreuves.

FACIUS (J.-G.)

248 — Danaë, d'après Tetien. Belle épreuve imprimée en bistre.

FOURNIER

249 — La Lettre désirée, par A. Chaponnier. Très belle épreuve.

FESSARD (Ét.)

250 — Un baiser ou la rose, d'après Watteau. Bonne épreuve.

FRAGONARD (Honoré)

251 — L'Armoire. Très belle épreuve avant la lettre.

FRAGONARD (d'après H.)

252 — Les Baignets, par N. de Launay. Très belle épreuve.

253 — Le Baiser à la dérobée, par N.-F. Regnault. Très belle épreuve avant toutes lettres, seulement le nom de Regnault, tracé à la pointe sous le trait carré. En couleur.

254 — La même estampe. Très belle épreuve.

255 — La bonne Mère, par N. de Launay. Très belle épreuve, marge.

256 — Le Contrat; — Le Verrou. Deux pièces faisant pendants, gravées par Blot. Belles épreuves.

257 — La Fontaine d'amour; — Le Songe d'amour. Deux pièces faisant pendants, gravées par N.-F. Regnault. Très belles épreuves.

258 — La Gimblette, par Bertony. Très belle épreuve.

259 — L'heureuse Fécondité, par N. de Launay. Très belle épreuve, marge.

260 — L'heureuse fécondité; — Dites-donc s'il vous plaît. Deux pièces gravées par N. de Launay. Bonnes épreuves.

261 — L'Inspiration favorable, par Halbou. Très belle épreuve.

262 — Les jeunes Sœurs, par Vidal. Bonne épreuve.

263 — Ma Chemise brûle, par D'furcy. Très belle épreuve, en couleur.

264 — La Mère de famille, par Romanet. Belle épreuve.

265 — Le petit Prédicateur, par N. de Launay. Très belle épreuve, marge.

266 — Le Pot au lait; — Le Verre d'eau. Deux pièces faisant pendants, gravées par N. Ponce. Très belles épreuves.

267 — Psyché montrant ses richesses à ses sœurs, gravé en couleur par H. Gérard. Belle épreuve.

268 — Le Serment d'amour, par J. Mathieu. Belle épreuve.

FRAGONARD ET **Mlle GERARD** (d'après)

269 — Sacrifice de la Rose ; — Amour la consume. Deux pièces gravées par H. Girard et Chaponnier. Belles épreuves.

FRAGONARD ET **BOREL** (d'après)

270 — La Cachette découverte ; — J'y passerai. Deux pièces faisant pendants, gravées par R. de Launaoy. Bonnes épreuves.

FRAGONARD ET **CARÊME** (d'après)

271 — Le Baiser rendu ; — Le Baiser dangereux. Deux pièces gravées par Flipart. Très belles épreuves, marge.

FRAGONARD ET **LAVREINCE** (d'après)

272 — La Coquette fixée ; — Les Sabots. Deux pièces faisant pendants, gravées par Couché et Dembrun. Très belles épreuves. Les mains et les figures sont imprimées en couleur.

FREUDEBERG (d'après)

273 — Le Bain, par Romanet. Belle épreuve, marge.

274 — Le Boudoir, par Maleuvre. Très belle épreuve avant le numéro.

275 — Le Coucher, par Duclos et Bosse. Belle épreuve.

276 — L'Évènement au bal, par Duclos et Ingouf. Bonne épreuve.

277 — Le Lever, par Romanet. Belle épreuve.

278 — L'Occupation, par Lingée. Belle épreuve.

279 — L'heureuse union, par Bosse. Très belle et rare épreuve avant la réduction de la planche.

280 — La Complaisance maternelle; par N. de Launay. Très belle épreuve, marge.

281 — La Félicité villageoise ; — la Gaieté conjugale. Deux pièces faisant pendants, gravées par N. de Launay. Très belles épreuves.

FREUDEBERG (d'après)

282 — La Félicité villageoise, par N. de Launay. Très belle épreuve.

283 — Lison dormait, par P. H. Trière. Très belle épreuve, toutes marges.

284 — Le Négociant ambulant ; — Le Soldat en semestre. Deux pièces faisant pendants, gravées par Ingouf. Très belles épreuves, marges.

285 — La petite Famille suisse ; — Le Présent du fermier. Deux pièces en couleur faisant pendants. Belles épreuves avant la lettre.

GAUTIER (Chez)

286 — Les Oies du frère Philippe. Pièce coloriée. Belle épreuve.

GERARD (d'après Mlle)

287 — L'Élève intéressante ; — Le Triomphe de Minette. Deux pièces faisant pendants, gravées par Vidal. Très belles épreuves.

288 — L'Espoir du retour, par H. Gérard. Très belle épreuve.

289 — Les Regrets mérités, par N. de Launay. Très belle épreuve.

290 — Je les relis avec plaisir ; — C'est pour lui que je les rassemble. Deux pièces faisant pendants, gravées par Vidal. Belles épreuves.

DE GOUY (A.-M.)

291 — L'Amant couronné ; — les Raisins doux. Deux pièces en couleurs. Belles épreuves.

GRAVELOT (d'après)

292 — Le Lecteur, par Gaillard. Très belle épreuve, marge.

GREUZE (d'après J.-B.)

293 — Annette; — Lubin. Deux pièces faisant pendants, gravées par L. Binet. Belles épreuves.

294 — La bonne éducation, par Moreau et Ingouf; — Retour sur soy-même, par L. Binet; — La Paix du ménage, par Moreau et Ingouf. Trois pièces. Belles épreuves.

295 — La Cruche cassée, par J. Massard. Très belle épreuve portant au verso les signatures de Greuze et Massard.

296 — La Cuisinière; — La lecture de la Bible. Deux pièces gravées par Mme Beauvarlet et Martenasie. Très belles épreuves.

297 — La Dame bienfaisante; — La Belle-Mère; — Le Gâteau des rois; — La Veuve et son Curé; — La Mère bien-aimée. Cinq pièces gravées par Massard, Le Vasseur, Flipart. Bonnes épreuves.

298 — Le doux regard de Colette; — Le doux regard de Colin. Deux pièces faisant pendants, gravées par Dennel. Belles épreuves.

299 — Le Donneur de sérénade, par E. Moitte. Très belle épreuve avant la lettre.

300 — L'enfant gâté; — L'Épagneul chéri; — L'heureux Ménage; — Thaïs ou la belle Pénitente; — La Prière à l'amour; — Le Geste napolitain. 6 pièces.

301 — La Fille confuse, par Ingouf. Belle épreuve, marge.

302 — La Fille grondée, par C. F. Letellier; — Femme du peuple des environs de Pise, par Moitte; — Jeune fille debout, par Mme Beauvalet. Trois pièces. Très belles épreuves.

303 — La Grand' Maman; — La Marchande de marrons. Deux pièces faisant pendants, gravées par Binet et Mme Beauvarlet. Belles épreuves.

304 — Le Malheur imprévu, par R. De Launay. Belle épreuve.

305 — La Mère en courroux; — Le Repentir. Deux pièces faisant pendants, gravées par Moitte. Belles épreuves.

GREUZE (d'après J.-B.)

306 — Nuptial Felicity; — Nuptial Blessing. Deux pièces faisant pendants, gravées par S. Paul. Belles épreuves.

307 — Les Œufs cassés; — La Lecture de la Bible. Deux pièces gravées par P. E. Moitte et Martenasie.

308 — La Pelotonneuse, par Flipart. Très belle épreuve, marge.

309 — La Petite fille au chien, par Porporati. Très belle épreuve, marge.

310 — Retour de Nourrice, par Hubert. Très belle épreuve, marge.

311 — La Rêveuse, par Ingouf. Très belle épreuve.

312 — Le Silence, par Claude Donat Jardinier. Superbe épreuve avant toutes lettres.

313 — La même estampe. Belle épreuve.

314 — Le Tendre désir, gravé par C. Belle épreuve.

315 — La Tricoteuse endormie, par Claude Donat Jardinier. Belle épreuve.

316 — La Vertu chancelante, par J. Massard. Belle épreuve.

317 — Le Paralytique servi par ses enfants; — L'Heureuse union, par Lebas. Deux pièces. Une est avant toutes lettres.

GUTTENBERG

318 — La Joyeuse bacchante, d'après Mme Le Sueur. Belle épreuve.

HEILLMAN (d'après)

319 — Le Bon exemple; — Mademoiselle sa sœur. Deux pièces faisant pendants, gravées par Chevillet. Très belles épreuves, marges.

HILAIRE (d'après J.-B.)

320 — L'Esclave heureux, par J. Mathieu. Belle épreuve, marge.

HOIN (d'après)

321 — L'Écueil de la sagesse ; — La Tendre amitié. Deux pièces faisant pendants, gravées par de Monchy. Très belles épreuves. La première est avec l'adresse du graveur.

HOPPNER (d'après J.)

322 — Countess of Oxford, par S. W. Reynolds. In-fol. Belle épreuve.

323 — Love enamoured, gravé en couleur, par Bonnefoy. Très belle épreuve, marge.

HOTIN

324 — A Venitian Lady. Deux compositions différentes, en couleur. Belles épreuves.

HUET (d'après J.-B.)

325 — L'Accord maternel ; — Les soins maternels. Deux pièces faisant pendants, gravées en couleur, par Bonnet. Belles épreuves.

326 — L'Amant pressant ; — L'Amant écouté. Deux pièces faisant pendants, gravées en couleur, par Legrand. Très belles épreuves.

327 — L'Amant écouté, gravé en couleur, par Bonnet. Très belle épreuve.

328 — L'Amour curieux, par l'Éveillé ; — Le Plaisir innocent, par Demarteau (n° 433). Deux pièces aux trois crayons.

329 — Le Berger ; — La Bergère. Deux pièces faisant pendant, gravées aux trois crayons, par Demarteau (n°ˢ 508 et 509). Très belles épreuves.

330 — La Bergère satisfaite ; — L'Espoir heureux. Deux pièces faisant pendants, gravées en couleur, par Bonnet. Belles épreuves.

331 — Chemise à la Reine ; — Malbroug. Deux pièces gravées à la sanguine, par Bonnet. Belles épreuves, marges.

HUET (d'après J.-B.)

332 — La Coquette, par Bonnet. Belle épreuve en couleur.

333 — La Cueillette des cerises ; — Le Retour des champs. Deux pièces en couleurs. Belles épreuves, sans marges.

334 — Les Deux amants ; — la Jeune bergère. Deux pièces aux trois crayons, par Demarteau. Belles épreuves.

335 — La feinte Résistance, par Patas. Très belle épreuve.

336 — La Fidélité couronne l'Amour ; — La Douceur et l'Amitié enchaînent l'Amour. Deux pièces faisant pendants, gravées en couleur, par Wolff. Très belles épreuves.

337 — Jupiter et Semelé ; — Euridice avec d'autres nymphes, mordue par un serpent ; — La nymphe Hesperie fuyant Esaque. Trois pièces gravées en couleur, par Bonnet. Belles épreuves.

338 — Eurydice, courant sur l'herbe avec d'autres nymphes, est mordue par un serpent et meurt. Gravé en couleur, par Bonnet. Très belle épreuve, marge.

339 — Les Laveuses, en couleur, par Jubier. Belle épreuve.

340 — Le Midi, gravé en couleur, par Bonnet. Très belle épreuve.

341 — Procris tué d'un coup de flèche, par Céphale, en couleur, par Jubier. Très belle épreuve.

342 — La Recherche des appas, gravé en couleur, par Drarwel. Belle épreuve.

343 — The Sump ; — The Balance. Deux pièces faisant pendants, gravées en couleur, par Bonnet. Bonnes épreuves.

344 — Le Triomphe de Galathée, en couleur, par L. Bonnet. Belle épreuve.

345 — Vénus enflammée par l'Amour ; — L'Amour prie Vénus. Deux pièces faisant pendants, gravées en couleurs, par Bonnet. Très belles épreuves.

346 — Le Soir, gravé en couleur, par Bonnet. Belle épreuve.

JANINET (F.)

347 — L'Aimable paysanne, d'après Saint-Quentin, en couleur. Belle épreuve.

348 — La Bacchante enyvrée, d'après Carême, en couleur. Très belle épreuve.

349 — Bacchus préside à la fête; — Le Culte systématique. Deux pièces en couleurs, faisant pendants, d'après Caresme. Très belles épreuves.

350 — Le Baiser de l'Amitié; — Le Baiser de l'Amour. Deux pièces faisant pendants, gravées en couleurs, d'après Doublet. Belles épreuves.

351 — La Bergère couronnée, d'après Carême. En couleur. Belle épreuve.

352 — La Crainte enfantine, d'après Freudeberg. En couleur. Très belle épreuve.

353 — Les trois Grâces, d'après Pellegrini. En couleur. Très belle épreuve avant la lettre et avant la guirlande de fleurs.

354 — La même estampe. Belle épreuve.

355 — Hébé, d'après Lebarbier. En couleur. Très belle épreuve.

356 — Joseph et Zaluca; — Tarquin et Lucrèce. Deux pièces faisant pendants. D'après Eisen. En couleur. Belles épreuves.

357 — Les Joueurs de quilles, d'après Ostade. En couleur. Très belle épreuve avant toutes lettres.

358 — Le Péché d'Adam et Ève; — La Mort d'Abel. Deux pièces faisant pendants; gravées en couleur, d'après Lebarbier. Superbes épreuves avant la lettre, toutes marges.

359 — La Réunion des plaisirs, d'après Saint-Quentin. En couleur. Belle épreuve.

360 — Le Sommeil d'Ariane, d'après Charlier. Très belle et rare épreuve avant toutes lettres. En couleur.

JANINET (F.)

361 — Vénus désarmant l'Amour, d'après Charlier. En couleur. Très belle épreuve.

362 — Vestiges d'un temple de la Grèce. Gravé en couleur,
d'après Pannini. Très belle épreuve.

363 — Gabrielle d'Estrées. In-fol. En couleur, d'après Porbus.
Très belle épreuve avant toutes lettres ; marge.

JEAURAT (d'après)

364 — Le Carnaval des rues de Paris ; — le Transport des
filles de joye à l'hôpital. Deux pièces faisant pendants.
Gravées par Le Vasseur. Très belles épreuves.

365 — Déménagement d'un peintre ; — Enlèvement de po-
lice. Deux pièces faisant pendants. Gravées par Cl. Duflos. Très belles épreuves, grandes marges.

366 — La Place Maubert, par Aliamet. Belle épreuve.

367 — La Dévote ; — la Sçavante ; — la Coquette ; — l'Éco-
nome. Suite de quatre pièces, gravées par Michel Aubert. Très belles épreuves ; marges.

368 — L'Éplucheuse de salade, par Beauvarlet. Très belle
épreuve ; marge.

JOLLAIN (d'après)

369 — La Toilette. Gravé en couleur par Bonnet. Belle
épreuve.

JULIEN, LAGRENÉE et SANTERRE (d'après)

370 — Les Réflexions bachiques ; — la Beauté dangereuse, etc.
Trois pièces, gravées par Pruneau, Chevillet et Fessard.
Belles épreuves.

KAUFFMAN (d'après)

371 — Abelard offering hymen to Eloïsa. En couleur. Belle
épreuve.

372 — Abelard and Eloïsa surpris'd by Fulbert. Gravé par
Scorodomoff. Belle épreuve, imprimée en bistre.

KAUFFMANN (d'après ANGELICA)

373 — Blind mans Duff; — l'Amour endormi; — le Triomphe de Vénus; — la Beauté, la Prudence et la Folie; — les Danseuses italiennes. Cinq pièces gravées, en couleur, par Roze Lenoir.

374 — Cupid binding Aglaia to a Laurel; — Cupid disarm'd by Euphrosine. Deux pièces faisant pendants, gravées par Burke. Très belles épreuves.

375 — A Flower, painted by Varelst; — Cupid and Ganymede. Deux pièces faisant pendants, gravées par Burke; imprimées en bistre. Très belles épreuves.

KIMLI (d'après)

376 — L'Espoir du retour, par Tardieu. Belle épreuve.

KRAUSS (d'après G.-M.)

377 — Le Chaudronnier; — le Moment dangereux. Deux pièces, gravées par de Buigne et Voyez le jeune. Très belles épreuves.

LAGRENÉE (d'après)

378 — L'Insomnie amoureuse; — Mars et Vénus. Deux pièces faisant pendants, gravées à la sanguine par Bonnet. Très belles épreuves; marges.

379 — Punition de l'Amour; — Éducation de l'Amour. Suite de quatre pièces, gravées par J. Bouillard. Très belles épreuves, toutes marges.

LANCRET (d'après N.)

380 — La Belle complaisante, par de F... Belle épreuve,

381 — Les Charmes de la conversation, par Petit. Belle épreuve.

382 — La Galante fille. Deux compositions différentes, gravées par Haid. Belles épreuves. En couleur.

383 — L'Hiver, par J.-P. Le Bas. Très belle épreuve.

LANCRET (d'après N.)

384 — L'Hyver; — le Printemps; — l'Été; — l'Automne. Suite de quatre pièces en largeur, gravées par de Larmessin. Très belles épreuves.

385 — Le Maître galant, par Le Bas (E. B., 48). Belle épreuve.

386 — Le Matin; — le Midi; — l'Après-Dînée; — la Soirée. Suite de quatre pièces, gravées par de Larmessin. Très belles épreuves, marges.

387 — Récréation champêtre, par Joullain. Très belle épreuve. grande marge.

388 — Le Concert pastoral, par Joullain. Très belle épreuve.

LAFONTAINE (J. DE)

ILLUSTRATIONS POUR SES CONTES

389 — *Boucher* (d'après F.). Le Calendrier des vieillards, par De Larmessin. Belle épreuve avant l'adresse de Buldet.

390 — La Courtisane amoureuse, par de Larmessin. Belle épreuve.

391 — *Challe* (d'après). Le Gascon puni, par Lindor de Toulouse. En hauteur. Belle épreuve.

392 — *Coypel* (d'après Ch.). La Matrone d'Éphèse, par L. Desplaces. En hauteur. Très belle épreuve, marge.

393 — *Eisen* (d'après Ch.). La Gageure des trois commères, par Tardieu. Très belle épreuve, marge.

394 — The Path of Paradis (le Diable en enfer). Pièce in-fol. En hauteur. Publiée en Angleterre. Très belle épreuve. Rare.

395 — *Lancret* (d'après). Les Deux amis, par de Larmessin. Très belle épreuve.

396 — Le Faucon, par de Larmessin. Belle épreuve avant l'adresse de Buldet.

397 — *Lancret* (d'après). A Femme avare, galant escroc, par de Larmessin. Superbe épreuve avant l'adresse de Buldet. Grande marge.

398 — Le Gascon puni, par De Larmessin. Très belle épreuve avant l'adresse de Buldet.

399 — Le Gascon puni, par de Larmessin. Très belle épreuve avant l'adresse de Buldet.

400 — Nicaise, par de Larmessin. Très rare épreuve du premier état, avant que le nom de *Schmidt* ait été effacé et remplacé par celui de *de Larmessin*. $\mathcal{G}$. ℐ. ℬ.

401 — La même estampe. Très belle épreuve avant l'adresse de Buldet.

402 — Les Oies du frère Philippe. Très belle épreuve, marge.

403 — On ne s'avise jamais de tout, par de Larmessin. Très belle épreuve avant l'adresse de Buldet.

404 — Pâté d'Anguille, par de Larmessin. Très belle épreuve, marge.

405 — Le petit chien qui secoue de l'argent et des pierreries, par de Larmessin. Très belle épreuve avant l'adresse de Buldet, marge.

406 — Les Rémois, par de Larmessin, superbe épreuve avant l'adresse de Buldet, marge.

407 — La Servante justifiée, par de Larmessin. Belle épreuve avant l'adresse de Buldet.

408 — Les Troqueurs, par de Larmessin. Très belle épreuve avant l'adresse de Buldet.

409 — *Legrand* (Aug.). Le Bât, superbe épreuve, toute marge.

410 — La Servante justifiée; — Le Rossignol; — Le Villageois qui cherche son veau; — la Jument du compère Pierre. Quatre pièces. Belles épreuves.

411 — *Paterre* (d'après). Les Aveux indiscrets, par Filleul, Belle épreuve avec l'adresse du graveur et le titre en latin et en français.

412 — La même estampe. Belle épreuve.

413 — *Paterre* (d'après). Le Cocu battu et content, par Fillœul. Très belle épreuve avec l'adresse du graveur.

414 — Le Baisé donné, par Fillœul. Belle épreuve avec
l'adresse du graveur.

415 — Le Glouton, par Fillœul. Très belle épreuve avant
l'adresse de Buldet.

416 — La Matrone d'Ephèse, par Fillœul. Belle épreuve.

417 — Le Savetier, par Fillœul. Belle épreuve avant l'adresse
de Buldet.

418 — Le Savetier, par Fillœul. Très belle épreuve, marge.

419 — *Vleughels* (d'après). La Jument du compère Pierre,
par de Larmessin. Belle épreuve avant l'adresse de
Buldet.

420 — Frère Luce, par de Larmessin. Belle épreuve avant
l'adresse de Buldet.

421 — Le frère Luce, gravé en hauteur par N. Bart, maître
d'écriture. Très belle épreuve.

421 *bis* — Le Villageois qui cherche son veau, par de Larmessin. Très belle épreuve avant l'adresse de Buldet,
marge.

LANG (d'après)

422 — L'Heureux tête-à-tête; — La Bergère couronnée. Deux
pièces faisant pendants, gravées par Demonchy. Très
belles épreuves, marges.

LAVOINE ET COTIBER (d'après)

423 — Ma Houlette est pour Colin; — Mon Moineau est pour
Colette. Deux pièces faisant pendants, gravées par
François. Belles épreuves, marges.

LAVREINCE (d'après N.)

424 — Ah! laissez-moi donc voir, par Janinet. Très belle
épreuve, en couleur.

425 — L'Assemblée au Salon, par Dequevauviller (E.-B. 6.).
Très belle épreuve, marge.

LAVREINCE (d'après N.)

426 — L'Aveu difficile, par Janinet (E.-B.. 8), Très belle épreuve en couleur, sans marge.

427 — La Balançoire mystérieuse, par Vidal (E.-B. 9.). Superbe épreuve avant la correction au mot gravé écrit : Gravée; grande marge.

428 — Le Billet doux; — Qu'en dit l'abbé? Deux pièces faisant pendants, gravées par N. de Launay (E. B. 10 et 51). Très belles épreuves.

429 — La Comparaison, par Janinet, en couleur (E. B. 12). Très belle épreuve.

430 — Le Concert agréable; — Le Mercure de France. Deux pièces faisant pendants, gravées par Guttenberg et Varin. Très belles épreuves.

431 — La Consolation de l'absence, par N. de Launay (E. B. 14). Superbe épreuve.

432 — Le Contretemps, par F. Dequevauviller (E. B. 15). Très belle épreuve avec la première adresse, celle du graveur.

433 — Le Coucher des ouvrières en modes, par F. Dequevauviller (E. B. 16). Très belle et rare épreuve avant la dédicace.

434 — Le Directeur des toilettes, par Voyez l'aîné (E. B. 21). Très belle épreuve. Rare.

435 — Ecole de Danse, par F. Dequevauviller (E. B. 22). Très belle épreuve.

436 — L'Heureux moment, par N. de Launay (E. B. 28). Très belle épreuve.

437 — L'Heureux moment, par N. de Launay (E. B. 28). Belle épreuve.

438 — La même composition gravée en contre-partie de plus petit format, par Maire. Très belle épreuve, imprimée en bistre, marge.

LAVREINCE (d'après N.)

439 — L'Hiver; — L'Automne. Deux pièces en couleur. Belles épreuves, sans marges.

440 — L'Innocence en danger, par Caquet (E. B., 31). Superbe épreuve, marge.

441 — L'Innocence en danger, par Caquet (E. B., 31). Belle épreuve

442 — La Leçon interrompue, par Vidal (E. B., 35). Belle épreuve.

443 — Le Lever des ouvrières en modes, par F. Dequevau-viller (E. B., 36). Belle épreuve,

444 — Le Lever des ouvrières en modes, par L. C. (Le Campion). Pièce rare, gravée en couleur. Très belle épreuve, sans marge.

445 — La Marchande à la toilette (E. B., 37) ; — La Soubrette confidente (E. B., 61). Deux pièces faisant pendants, gravées par Vidal. Belles épreuves.

446 — Les Nymphes scrupuleuses, par Vidal (E. B., 42). Très belle épreuve, toutes marges.

447 — Les Offres séduisantes, par J.-L. Delignon (E. B., 43). Très belle épreuve.

448 — Le Restaurant, par Deni (E. B., 53). Très belle épreuve.

449 — Le Roman dangereux, par Helman (E. B., 56). Très belle épreuve.

450 — Les Petits favoris, pièce appelée par M. Bocher : Le Joli chien (E. B. App. 4). Très rare épreuve non décrite, avec le titre ci-dessus et avec les noms des artistes. Dans cette épreuve on voit deux petits chiens sur le lit. En couleur.

LAVREINCE (Attribué à)

451 — La Soirée du Palais-Royal, par Caquet. Belle épreuve.

LE BARBIER (d'après).

452 — Alonzo dans le Royaume de Tumbès ; — Consécration de Cora au culte du Soleil; — Erreur de Cora, prêtresse du Soleil : — Dévouement sublime du Cacique Henri ; — Courage d'Amazili et de Télasco ; — Naufrage de Télasco et d'Amazili. Suite de six pièces gravées en couleur, par Mariage. Belles épreuves.

453 — Jupiter et Léda ; — Venus et l'Amour. Deux pièces faisant pendants, gravées en bistre, par Pariset. Très belles épreuves.

454 — Le Mari dupe et content, par Patas. Superbe épreuve avant la lettre, toutes marges.

455 — La même estampe. Belle épreuve.

LE BAS

456 — Arrivée des Barcelonnettes ; — Les Belles vendangeuses. Deux pièces faisant pendants. Très belles épreuves, grandes marges.

LE BEAU

457 — La Faible résistance ou le Vérou ; — L'Amant victorieux, suite du Vérou. Deux pièces faisant pendants, d'après Binet et Danzel. Très belles épreuves.

LE BOUTEUX (d'après)

458 — L'Amant pressant ; — L'Amant consolateur. Deux pièces faisant pendants, gravées par de Monchy. Belles épreuves, marges.

LE BEL (d'après)

459 — Le Coup de vent ; — La Voila prise. Deux pièces faisant pendants, gravées par Girardet et Niquet. Belles épreuves, marges.

LE BRUN (d'après)

460 — L'Épouse mal gardée ou le mariage à la mode, par Dambrun. Belle épreuve.

LE BRUN (d'après)

461 — La Sollicitation amoureuse ; — La Sultane infidèle. Deux pièces gravées par le Beau et Voysard. Très belles épreuves.

462 — La Toilette de la mariée ou le jour désiré, par Dambrun. Très belle épreuve, marge.

LE CLERC (d'après S.)

463 — L'Homme entre deux âges et ses deux maîtresses, par Aubert. Belle épreuve.

LE CLERC (d'après)

464 — Jeune femme en buste, gravé à la manière du pastel, par Bonnet. Très belle épreuve.

465 — Buste de jeune fille, gravé à la manière du pastel, par L. Marin. Très belle épreuve.

466 — Portraits de femmes en buste, gravés à la sanguine, par Bonnet, suite de quatre pièces. Très belles épreuves, marges.

LE MOYNE, LAGRENÉE et COYPEL (d'après)

467 — Enlèvement d'Europe ; — Pigmalion amoureux de sa statue ; — Vénus sur les eaux. Trois pièces gravées par L. Cars, Denniel et Désplaces. Belles épreuves.

LEMPEREUR (L.)

468 — L'Attente du plaisir, d'après Annibal Carrache. Superbe épreuve avant la lettre, marge.

469 — Le Festin Espagnol ; — Le Jardin d'amour. Deux pièces faisant pendants, d'après Rubens et Palamèdes.

470 — Composition allégorique en l'honneur de P. L. Buirette de Belloy, d'après Jollain. Très belle épreuve, marge.

LE NAIN (d'après)

471 — Les tendres adieux de la Laitière ; — L'École Champêtre ; — Fête Bachique ; La Surprise du Vin. Suite de quatre pièces gravées par Daullé. Belles épreuves.

LE PEINTRE (d'après)

472 — La Cage symbolique, par Fessard. Très belle épreuve avant la dédicace.

473 — De Danger de la Bascule, par de Monchy. Belle épreuve.

LE PRINCE (d'après J.-B.)

474 — L'Amour à l'Espagnole, par Saint-Aubin et N. Pruneau. Belle épreuve.

475 — La Crainte, par N. Le Mire. Belle épreuve.

476 — Les Délices de l'été, par Liénard. Belle épreuve.

477 — L'Enfant chéri, par N. de Launay. Très belle épreuve.

478 — La Lettre envoyée; — La Lettre rendue. Deux pièces faisant pendants, gravées par N. de Launay. Très belles épreuves avant la dédicace.

479 — Le Marchand de Lunettes, par Helman. Très belle épreuve.

480 — Le Médecin clair-voyant, par Helman, superbe épreuve, toutes marges.

481 — Les Modèles, par J. Delongueil. Très belle épreuve.

482 — La Récréation champêtre, par Gaillard. Belle épreuve.

483 — Les Bergers russes; — Les Œufs cassés; — Le Berceau; — La Lampe polonaise; — Sacrifice aux Grâces.

484 — Jeune femme assise sur un banc dans un jardin, aux trois crayons, par Demarteau. Belle épreuve.

LEROY (d'après)

485 — Coucou, par Beljambe. Très belle épreuve, marge.

LETELLIER (C.-F.)

486 — L'Amour en gayeté; — Le Sommeil agréable. Deux pièces faisant pendants, d'après J.-B. Renaud. Très belles épreuves, grandes marges.

LOMBART (P.)

487 — Les Comtes et les Comtésses, d'après Van Dyck. Suite de douze portraits in-fol. Très belles épreuves.

LOUTERBOURG (d'après P.-J. DE)

488 — L'Amant curieux; — L'Agneau chéri. Deux pièces faisant pendants, gravées par Le Veau. Très belles épreuves.

489 — Le doux repos des Bergers, par P. Laurent. Très belle épreuve.

MALLET (d'après)

490 — Chit-Chit! — Par ici!.. Deux pièces faisant pendants, gravées par Copia. Belles épreuves.

491 — L'Education du chevalier de Faublas, par Mme de B..., par Aug. Legrand. Très belle épreuve.

492 — Julie ou le premier baiser de l'Amour; — Saint Preux où les allarmes de l'Amour. Deux pièces faisant pendants. Très belles épreuves, marges.

493 — Julie ou le premier Baiser de l'Amour, par Copia. Très belle épreuve, marge.

494 — La Nouvelle intéressante, par Mixelle. Très belle épreuve, en noir.

495 — La Visite du matin; — La Nouvelle intéressante. Deux pièces en couleur, faisant pendants, gravées par Mixelle. Belles épreuves.

MARCHAND

496 — Les Approches de la Guinguette; — Les Amusements espagnols. Deux pièces faisant pendants. Très belles épreuves, marges.

MARIAGE (L.-F.)

497 — Naissance de Bacchus; — Bacchus et Ariane. Deux pièces faisant pendant gravées en couleur, d'après Boulogne et Bertin. Très belles épreuves.

MARILLIER et VOYEZ

498 — Apollon et les Muses. Suite de dix pièces. Très belles épreuves, marges.

MARTINI (P.-A.)

499 — The exhibition of the Royal Academy 1787, d'après Ramberg. Très belle épreuve avant la lettre, lettres tracées.

MASSARD et PORPORATI

500 — Agar reçue par Abraham; — Agar renvoyée par Abraham. Deux pièces faisant pendants, d'après P. Van Dyck. Belles épreuves.

MERCIER (d'après)

501 — La belle Dormeuse, par J.-J. Avril. Très belle épreuve, marge.

MERELLE (d'après)

502 — Le Désir de charmer, gravé en couleur par Pitou. Belle épreuve.

METTAY (d'après)

503 — Le Satyre amoureux; — Antiope réveillée par l'Amour. Deux [pièces faisant pendants, gravées par Le Vasseur. Belles épreuves.

MICHEL (J.-B.)

504 — La Belle impatiente, d'après Verkolye. Belle épreuve.

MOITTE (d'après P.-E.)

505 — Le Jaloux endormi; — L'Infidélité reconnue. Deux pièces faisant pendants, gravées par Vidal et Dambrun. Très belles épreuves, marges.

506 — L'Écueil de l'innocence, par Deny. Très belle épreuve.

MONNET (d'après C.)

507 — Les Baigneuses surprises; — Samalcis et Hermaphrodite. Deux pièces faisant pendants, gravées par Vidal. Très belles épreuves, marges.

MONNET (d'après C.)

508 — Le Larcin; — L'Amour est de tout âge. Deux pièces faisant pendants, gravées en couleurs par Robillac. Belles épreuves.

509 — Renaud et Armide; — Vénus et Adonis. Deux pièces faisant pendants, gravées par Vidal. Très belles épreuves, marges.

510 — Les Saisons, suite de quatre pièces gravées par Aug. Legrand.

511 — La Surprise agréable; — Le roi d'Éthiopie abusant de son pouvoir. Deux pièces faisant pendants, gravées par Vidal. Très belles épreuves, marges.

MOREAU (d'après J.-M.)

512 — Memnon ou l'Écueil du Sage, par Vidal. Très belle épreuve.

MORLAND (d'après G.)

513 — Domestic Hapiness; — The elopement; — The virtuous Parent; — Dressing for the Masquerade; — The Tavern Door; — Thefair Penitent. Suite de six pièces gravées en couleur par Smith, connues sous le nom de *Histoire de Lœtitia*. Superbes épreuves. Très rares.

MORLAND ET **SINGLETON** (d'après)

514 — The effects of extravagance and idleness; — The fruits of early industry and oeconemy; — Industry and oeconèmy; — Extravagance and dissipation. Suite de quatre pièces gravées par Darcis. Belles épreuves.

NATOIRE, **MAROT** ET **NATTIER** (d'après)

515 — Vénus et Énée; — Acis et Galathée; — Le chaste Joseph. Trois pièces gravées par Flipart, Audran et Beauvarlet. Belles épreuves.

NÉE ET **MASQUELIER**

516 — Le Déjeuné de Ferney, d'après Denon. Belle épreuve.

PATER (d'après)

517 — Le Désir de plaire, par L. Surugue. Belle épreuve.

518 — L'essay du bain, par Voyez. Belle épreuve.

519 — Marche comique, par Ravenet. Belle épreuve.

PETHER (W.)

520 — The continence of the chevalier Bayard, d'après Penay. Très belle épreuve.

PICART (B.)

521 — Concert dans un parc; dans le fond, la vue d'un château. Très belle épreuve, marge.

522 — L'Ouye; — Le Goût; — Le Toucher; — L'Odorat. Quatre pièces. Très belles épreuves, grandes marges.

523 — Renaud et Armide; — Zéphire et Flore, d'après Coypel. Deux pièces. Très belles épreuves.

PIERRE (d'après J.-B.-M.)

524 — Les Serments de Berger, par L. Lempereur. Très belle épreuve, marge.

PORPORATI

525 — Le Coucher, d'après Vanloo. Très belle épreuve avant toutes lettres.

526 — La même estampe. Belle épreuve.

527 — Garde à vous, d'après Angelica Kauffmann. Superbe épreuve avant la dédicace.

528 — Susanne au bain, d'après Santerre. Belle épreuve.

PRUD'HON (d'après)

529 — Le Cruel rit des pleurs qu'il fait verser, par Copia. Belle épreuve avant la lettre.

QUEVERDO (d'après J.-M.)

530 — Les Amours du Bocage; — Les Baigneuses champêtres. Deux pièces faisant pendants, gravées par Dambrun. Belles épreuves.

531 — Le Couché de la mariée; — Le Levé de la mariée.
Deux pièces faisant pendants, gravées par Patas et Dambrun. Belles épreuves.

532 — L'Occasion favorable, par Duhamel. Très belle épreuve.

533 — La Récolte d'automne, par Frussotte. Très belle
épreuve.

534 — Le Rendez-vous; — L'Équilibre perdu; — La Danse
champêtre. Trois pièces gravées par Duhamel et Thérèse
Martinet. Très belles épreuues.

RAMBERG

535 — Le Marché d'esclaves. In-fol. en couleur. Belle épreuve,
marge.

RAOUX (d'après)

536 — La Lecture, par Beauvarlet. Belle épreuve.

537 — Jeune femme donnant à manger à un oiseau, par
Chereau le jeune. In-fol. Très belle épreuve.

538 — Offrande à Priape, par Beauvarlet. Belle épreuve.

539 — Télémaque dans l'île de Calypso, par Beauvarlet. Très
belle épreuve.

RAOUX et PIERRE

540 — Repos de Vénus et les Grâces au bain; — Angélique et
Médor; — Les Forges de Vulcain. Trois pièces, gravées
par Daullé, Delaunay et Lempereur. Très belles épreuves.

REGNAULT (N.-F.)

541 — Dors, dors...; — Ah s'il s'éveillait! Deux pièces faisant
pendants, imprimées en bistre. Très belles épreuves.

542 — Le Soir; — La Nuit. Deux pièces faisant pendants.
Très belles épreuves.

REGNAUD (d'après)

543 — Junon empruntant la ceinture de Vénus, par Miger. Très belle épreuve avant la dédicace.

RENOU (d'après)

544 — Io surprise par Jupiter, par Legrand. Très belle épreuve, marge.

REYNOLDS (d'après)

545 — Mrs Barrington, par Houston. In-fol. Très belle épreuve, marge.

546 — Lady Caroline Russell, par J. M. Ardell. In-fol. Très belle épreuve.

547 — Miss Anna et Miss Élisabeth Creves, par Watson. In-fol. Belle épreuve avant la lettre.

548 — Miss Nelly O'Brien, par Spencer. In-fol. Très belle épreuve.

REYNOLDS ET KAUFFMAN (d'après)

549 — La Beauté sacrifiant aux Grâces; — Andromaque pleurant sur les cendres d'Hector. Deux pièces faisant pendants, gravées par J.-B. Lucien, imprimées en bistre. Très belles épreuves.

SAILLIAR (P.)

550 — Helena Forman, seconde femme de Rubens, d'après Van Dyck. In-fol. en pied. Belle épreuve en couleur.

SAINT-AUBIN (Aug. de)

551 — Le Réfractaire amoureux. Belle épreuve avant que la figure de l'abbé ait été remplacée par celle d'un officier; marge.

SAINT-AUBIN (d'après Aug. de)

552 — Le Bal paré; — Le Concert. Deux pièces faisant pendants, gravées par A.-J. Duclos. Très belles épreuves.

SAINT-AUBIN (d'après Aug. DE)

553 — L'Heureux Ménage; — L'Heureuse Mère; — La Tendresse maternelle; — La Sollicitude Maternelle. Suite de quatre pièces eu couleurs, gravées par Sergent, Gautier, Moret et Phelipeaux. Très belles épreuves.

554 — L'Heureux Ménage; — L'Heureuse Mère. Deux pièces faisant pendants, gravées par Sergent et Gautier. Très belles épreuves.

555 — La Jardinière, gravé, en couleur, par Sergent. Belle épreuve, remargée.

SAINT-AUBIN ET BOREL (d'après)

556 — Comparaison du bouton de rose; — L'Abandon Voluptueux. Deux pièces faisant pendants, gravées par Dennel. Très belles épreuves.

SAINT-AUBIN (d'après G. DE)

557 — Ballet dansé au théâtre de l'Opéra dans le *Carnaval du Parnasse;* — La Guinguette, divertissement pantomine du théâtre Italien. Deux pièces faisant pendants, gravées par Basan. Très belles épreuves.

SCHERVIN (d'après J.-K.)

558 — Le Village abandonné; — La Danse de Village. Deux pièces faisant pendants, gravées en couleur, par Chaponnier. Belles épreuves.

SERGENT (A.-F.)

559 — Marie-Thérèse-Charlotte de France, depuis Duchesne d'Angoulême. Pièce en couleur, publiée à Bâle lors du passage de cette princesse en cette ville, le 26 décembre 1793, in-fol. Très belle épreuve.

SMITH (J.-R.)

560 — Serena and flirtilla, en couleur. Très belle épreuve.

SMITH (d'après J.-R.)

561 — Rosalie, gravée en couleur, par Emma Smith. Très belle épreuve.

SOLDINI (d'après)

562 — Le Berger avec son oiseau ; — Le Berger avec sa flûte. Deux pièces faisant pendants, gravées par Duflos. Très belles épreuves, grandes marges.

STRANGE (Robert)

563 — Vénus et Adonis, d'après Titien. Très belle épreuve.

564 — Vénus ; — Danaë. Deux pièces faisant pendants, d'après Titien. Très belles épreuves.

THÉOLON (d'après)

565 — Invocation à l'Amour, par Guttenberg. Très belle épreuve.

TOUZÉ (d'après)

566 — Les Amusements dangereux, par Voyez le jeune. Très belle épreuve.

TRINQUESSE (d'après L.)

567 — L'Irrésolution ou la confidence, par J. A. Pierron. Très belle épreuve avec une grande marge.

568 — La Sortie du bain, par Lempereur. Très belle épreuve.

DE TROY et VANLOO (d'après)

569 — Salmacis et Hermaphrodite ; — Vénus se venge de Psyché ; — La Sultane ; — L'Amour menaçant. Quatre pièces gravées par Daullé, Avril, Beauvarlet et Mechel. Belles épreuves.

VANGORP (d'après)

570 — C'est Papa ! par De Launay. Très belle épreuve, grande marge.

VANGORP (d'après)

571 — Ah qu'il est joli, gravé en couleur, par Mallet. Belle épreuve.

VANLOO (d'après)

572 — Les Baigneuses, par Beauvarlet. Belle épreuve avant toutes lettres.

573 — Mme de Sabran, tenant un pigeon sur sa main, par Chereau le jeune, in-fol. Très belle épreuve, marge.

VANLOO ET VIEN (d'après)

574 — Lucrèce; — Jupiter et Antiope; — Danphé et Apollon; — Cléopâtre; — La jeune Corinthienne; — La vertueuse Athénienne. Six pièces par Morghen, Fessard, Flipart et Bouillard.

VAUTHIER ET VANDER LYN (d'après)

575 — Le Soir; — Le Matin; — Le Midi; — La Nuit. Suite de quatre pièces gravées en couleur, par Bertrand et Girard. Bonnes épreuves.

VERNET (HORACE)

576 — Cent vingt pièces de son œuvre. (Lithographies). Belles épreuves.

VIGÉE (d'après LOUISE-E.)

577 — La Vertu irrésolue, par Dennel. Belle épreuve.

VIGNETTES

578 — *Borel, Lebarbier, Marillier, etc.* Vingt-deux gravures in-8, pour les Œuvres complètes de Plutarque, tráduites du grec par Jacques Amyot (1783-1805). Belles épreuves.

579 — *Cochin (C. N.)* Jeux d'Enfants, sept pièces. Belles épreuves.

580 — *Collin et Blanchard.* Suite complète de treize gravures in-8, dont un portrait pour les Œuvres de Tressan, édition Neveu, 1823. Très belles épreuves avant la lettre.

VIGNETTES

581 — *Deveria*. Suite de trente lithographies in-4 pour les Contes de La Fontaine. Treize sont doubles, en noir et coloriées. En tout quarante-trois pièces.

582 — *Divers*. Vignettes d'après Cochin, Coypel et autres. Douze pièces en noir et en couleur.

583 — *Eisen*. Vignettes in-8, pour le théâtre de Voltaire. Trente-huit pièces.

584 — *Eisen*. Soixante-deux vignettes in-8, pour les contes de La Fontaine. Belles épreuves.

585 -- *Eisen et Pasquier*. Vignettes in-8 pour *Clarisse Harlowe*. Trente-sept pièces.

586 — *Hersent*. Choix de sujets tirés de Contes de La Fontaine. Neuf pièces de format in-4. Très belles épreuves.

587 — *R. de Hooghe*. Vignettes en-tête de pages, pour les Contes de La Fontaine. Cinquante-deux pièces.

588 — *Lancret et Paterre*. La Servante justifiée ; — Le petit Chien qui secoue de l'argent et des pierreries ; — Les Oyes de frère Philippe etc. Cinq pièces réduction in-8. Belles épreuves.

589 — *Marillier*. Vignettes in-8, tirées du *Cabinet des Fées* et *Voyages imaginaires*. Quatre-vingt-sept pièces.

590 — *Marillier*. Vignettes tirées du *Cabinet des Fées*, des *Voyages imaginaires*, etc. Quatre-vingt-dix-neuf pièces.

591 — MARILLIER. Soixante-treize vignettes in-8. Un portrait gravé par Schmidt pour les Œuvres choisies de l'Abbé Provost, 1783-1784. Belles épreuves.

592 — *Moreau*. Suite complète de dix pièces in-8, et un portrait de Henri IV gravé par Tardieu, pour *la Henriade*, édition de Kehl. Très belles épreuves, grandes marges.

593 — Suite complète de dix pièces in-8, pour *la Henriade*, Edition Renouard. Très belles épreuves.

VIGNETTES

594 — *Monsiau et Marillier*. Suite complète de vingt-deux gravures in-4, dont un portrait de Jeanne d'Arc, gravé par Gaucher, avec encadrement pour la *Pucelle*. Très belles épreuves, grandes marges.

595 — La même suite complète, sans encadrement pour une édition de *la Pucelle*, publiée par Crapelet en deux vol. in-8. Belles épreuves, toutes marges.

596 — *Moreau, Marillier, Lebarbier*. Suite de quarante-deux figures, dont un portrait, pour les Œuvres de Rousseau, édition Poinçot. Epreuves remontées de format in-8.

597 — *Moreau et Peyron* (d'après). Suite de treize gravures in-4, et un portrait de Montesquieu, pour ses Œuvres. Paris, Plassan, 1796. Très belles épreuves, grandes marges.

VLEUGHELS, POUSSIN, BOREL, DAVID
ET **VIEN** (d'après)

598 — Lot et ses filles ; — L'enlèvement des Sabines ; — Il a cueilli ma rose ; — Les Amours de Pâris et d'Hélène ; — La chaste Suzanne. Cinq pièces gravées par Chereau, Audran, Regnault, Vidal et Beauvarlet.

VINCENT (d'après)

599 — Etudes de têtes de Femmes. Trois pièces gravées aux trois crayons, par Demarteau. Belles épreuves.

WATTEAU (d'après Ant.)

600 — Les Agréments de l'Esté, par J. de Favanes. Très belle épreuve, marge.

601 — L'Amour au Théâtre français ; — L'Amour au Théâtre italien. Deux pièces faisant pendants, gravées par C. N. Cochin. Très belles épreuves, marges.

602 — Le Bain rustique, par Ant. Cardon. Belle épreuve.

WATTEAU (d'après Ant.)

603 — Les charmes de la vie, par P. Aveline. Très belle épreuve, marge.

604 — Le Concert champêtre, par B. Audran. Très belle épreuve, marge.

605 — Les deux Cousines, par Baron. Très belle épreuve, marge.

606 — Diane au Bain, par P. Aveline. Belle épreuve.

607 — L'Hiver; — Le Printemps; — L'Été; — L'Automne. Suite de quatre pièces en largeur, gravées, par de Larmessin, Brillon, Moireau et Audran. Belles épreuves.

608 — L'Indiscret, par Aubert. Très belle épreuve, marge.

609 — The Island of Cytherea, par V. M. Picot. Très belle épreuve.

610 — Leçon d'Amour, par C. Dupuis. Très belle épreuve, marge.

611 — Le Lorgneur, par G. Scotin. Très belle épreuve, marge.

612 — La Lorgneuse, par G. Scotin. Superbe épreuve, toutes marges.

613 — Rendez-vous de Chasse, par Aubert. Très belle épreuve, marge.

614 — Le Sommeil dangereux, par Liotard. Belle épreuve.

615 — Le Triomphe de Vénus, par P. Mercier. Très belle épreuve, rare.

WATTEAU ET LANCRET (d'après)

616 — Les Amusements de Cythère; — *Coquettes qui pour voir galans au rendez-vous*; — *Quoy ! n'avoir pour vous trois qu'une seule bouteille*. Trois pièces, par Surugue et Thomassin.

WATTEAU (Ant.)

617 — Les Comédiens italiens, terminé au burin par Simonet. Belle épreuve. Plus la même composition gravée en contre-partie, de format in-8.

WESTALL (d'après)

618 — Faneurs pendant l'orage, gravé en couleur, par Knight. Belle épreuze.

WHEATLY (d'après F.)

619 — Adélaide ou la Bergère des Alpes. Pièce in-folio en couleur, publiée chez Janinet. Superbe épreuve, toutes marges.

620 — Rural repose, gravé en couleur par Geremia. Très belle épreuve.

621 — The Rustic Lover, gravé en couleur, par Knight. Très belle épreuve, marge.

WILLE (J.-G.)

622 — Agar présentée à Abraham, par Sara, d'après Dietricy. Belle épreuve, marge.

623 — Gouy (Elizabeth de), femme de H. Rigaud, d'après lui-même, in-fol. Très belle épreuve.

WILLE (d'après P.-A.)

624 — Les Conseils Maternels, par Lempereur. Superbe épreuve avant toutes lettres.

625 — Dédicace d'un poëme épique, par Dennel. Superbe épreuve avant toutes lettres.

626 — L'Écrivain public, par C. Guttenberg. Très belle épreuve avant la lettre. Lettres tracées, marge.

627 — L'Essai du corset, par Dennel. Belle épreuve.

628 — L'Heureux vieillard, par Aveline. Belle épreuve.

WILLE (d'après P.-A.)

629 — Petit Waux-Hall, gravé en 1780. Belle épreuve.

630 — Les Plaisirs interrompus, par Wille. Très belle épreuve avant toutes lettres.

631 — Le Temps perdu, par Halbou. Très belle épreuve.

DESSINS

632 — Sous ce numéro, seront vendus quelques dessins, par Boucher, Fragonard, Mieris, Huet et autres.

Imprimerie PILLET et DUMOULIN, rue des Grands-Augustins, 5, à Paris.